CLARIBEL DÍAZ

Ser del silencio

POEMAS

2da. Edición

Claribel Díaz

Ser del silencio

POEMAS

2da Edición

Colección Nuevo Ícaro | *Poesía* | *5*

www.obsidianapress.net

ISBN 978-1-948114-06-6

Impreso en los Estados Unidos de América.

www.**obsidiana**press.net
www.**op**libros.com

Tel.: 917-853-5095

e-mail:
editores@obsidianapress.net

A
Memela
y
Mami Lola

In memoriam

Por *"el refugio de su ternura"*

*Nos buscamos los dos. Ojalá fuera éste
el último día de la espera.*

Jorge Luis Borges

DESHABITÁNDOME

Me acecha la muerte en tu mirada,
ahora en el instante del absurdo,
ahora que mi boca
dibuja tu silueta y te desnuda
es bruma mi ser.

Trémula en tu vértice hueco,
soy imagen despoblada,
piel habitada por un cuerpo
que se escurre,
verdad que se escinde
en la ausencia
y en la levedad de un rostro
que tiembla.

Vuelo y no alcanzo el espacio
de tu risa,
ni la plenitud que mi cuerpo atrapa;
quédate en lo vivido
a explorar mis días,
si la suerte olvida nuestro eco,
átate a mi espalda
y bordéame despacio,
aspírame,
como quien absorbe el recuerdo
en una huella.

Nadie nos aguarda ahí afuera,
nadie, ni los sueños, ni el poema,
quizá sombras, solo sombras
y la desvelada prisa de la espera.

NIEBLA DE LUZ

Somos cómplices extraños
de un recuerdo inescrutable,
la nostalgia nos envuelve
con su hálito de espera.

Ay! esta noche eterna,
este pálido rito de miedo
que nos mira,
soledad que asedia,
brecha por donde asoma el olvido.

Fósil o cuerpo sin aliento somos,
huella de una mirada que se apaga,
sueño en vela,
domingo a solas,
precipicio de tardes sin ventura.
Ya no hay fábulas para contar a los niños,
ni rumores, ni leyendas, ni legados,
el día nos deja sin tiempo y sin historia.

Vacío en que me encuentro eres,
lugar de sombras,
verso olvidado en la bruma del sueño
y el silencio,
vértigo travieso que entristece.
Solo el poema nos queda,
desvarío y ansia de lo que somos,
nos une.

Niebla de luz,
ser exaltado en el delirio o la razón,
magia velada y trastocada
que no cesa.
Mi ser se pierde en ese hechizo
inexplicable
para inventarte con otro rostro,
otra imagen y otro acento.

VOZ DEL SILENCIO

Caminos rotos escinden
mis sueños,
sus huellas se esparcen
como gotas de luz.

Espacio que deja un lento
discurrir de sombra
es el recuerdo.
Silencio, miedo, asombro,
su mirada sabe a ausencia,
a olvido,
a espanto ante el resquicio
de la muerte.

Solo el que ama sabe
del instante incierto
de la espera.

EXILIO DEL SER EN EL POEMA

Me cercan dos cuerpos
arrastrando el pasado
en los hombros.
Soy yo y mi memoria
con apurado equilibrio
sobre el tiempo.

Su decir de siglos
atrapa sueños
en las hendijas del silencio,
discurrir de una historia
perdida en su escansión.

Exilio del ser en el poema
es mi nombre,
aluvión de tempestades
que emigran como el recuerdo
de tantas edades huecas.

Soy el aullido de lo oscuro
atravesado por la luz,
quejido de las olas,
golpe del viento,
pasado donde mirarme
como a otra, diferente.

REMINISCENCIA

Hay algo en este lugar
que me lleva a lo que fui
y no es al pasado,
sino a un lugar recóndito
que recuerda al viento,
a las hojas,
a casas rodeadas
de un pedazo de mar,
a la lluvia, a la mano
que se posa sobre tu frente
para enseñarte una oración.

Es un lugar en el que los niños
juegan a la espera
entre las faldas de mujeres
que hacen dulce y pan,
el de las inolvidables
fiestas infantiles los domingo
a las cuatro de la tarde,
el de las noches de risa y miedo
entre cuentos prohibidos,
el del cosquilleo adolescente
bajo tu espalda en el desvelo.

Ese lugar promete una historia
con la infancia de los sueños,
primitivo como el amor,
como el deseo,
pero tan reciente como la voz
que te llama
o como el poema que musitas
al mirar.

Espejismo del deseo

Tras la esfera de un cristal de polvo
vislumbro tu ser.
Desde el olvido y la sombra
advierto su clamor de fuego,
llamarada de espanto.

La palabra insinúa la mirada
del recuerdo,
hálito que se esfuma en el ensueño,
como la tibieza de unas manos
que tocan sin tocar,
como la inalcanzable estatura
de tu rostro
que se eterniza en la sonrisa
sin aliento.

Vacua y exigua presencia,
preludio del encuentro,
el espejismo,
sueño pretérito escandido en mi voz
te nombra sin decirlo.

LATIR ÍNTIMO

Hoy la calle se quedó
con mis ansias, con mi aliento.
En un recodo de andanzas,
atardeceres y olvidos,
dejé mi nombre y mi esencia,
la soledad hizo eco en la prisa.

La noche,
lecho en que perece el día,
me posee,
me eterniza en un suspiro
que se llama muerte,
que se pronuncia olvido.

No puedo con el rostro
que persigo
hasta el cansancio,
siento que me llama
con apagada frescura
y se escapa;
es susurro que deja
en las llamas del ocaso.

¿Por qué te escondes?
Muerde en los labios
el rumor del pasado.
Mañana seremos
sueño, canción y poesía
en la voz que invento
paso a paso.

ESPEJISMO

Se apagó tu rostro en el espejo,
como deseo corroído
por la espera,
como aliento lanzado
por la brisa.

Soy voz, palabra, canto,
soy la cara del decir,
la huella inviolable de los tiempos,
monstruo, designio.
Testigo inerme del escarnio
es mi mirada
soslayada por el llanto.

Soy el poema que te asedia,
la brizna que traspasó
el abismo del espanto
y te cubrió de sombras,
como al olvido.

APOLOGÍA DEL PASADO

A veces presiento que soy
de espuma,
que el viento crepita sobre
mi cuerpo,
lo envuelve en alas y me levanta
hacía un tiempo de otro ser,
tiempo de otro espacio,
de otros nombres y otros días.

El pasado es certeza
y el presente,
eterno como rocas
o como volcanes sin estruendo,
sin aura y sin luz.

Eterno y vigilante,
sus voces me reclaman
y vuelvo a callar,
a callar y a soñar,
a soñar y a creer
en la suerte de morir
sin la urgencia del poema
que no se ha escrito
y sin esta repetición
que no termina nunca
porque es espejo, laberinto
y olvido.

Quisiera no tener miedo
al instante de lo nunca dicho,
ni temor a que se vuelva a romper
lo insondable de la duda
o el temblor.

Quisiera que tus pasos
no fueran silencio sino inquietud
y que la ubicuidad del espejo
nos repita tal como somos
y sin dolor.

TARDES Y LABERINTOS

Estas imágenes siempre
se repiten:
la ausencia, la espera
y sus recónditos asombros.
Yo también como el constructor
de laberintos
me pierdo entre calles y tardes.

La noche en esta prisa
es una recurrencia inútil,
un hueco,
un borde por donde la magia
se desliza,
un quebranto, un traspié,
un sendero de crueles espejismos,
una ausencia,
un lugar sin rastros y sin nombres,
sin huellas, sin perfume.

Solo la tarde que acontece
es un júbilo, un regalo,
este poema
o una fiesta de inusitados
desvelos.

RETORNO DE LA AUSENCIA

La ausencia se repite en el reloj
siempre;
con inusitada pausa,
su imagen se hace eco
en el espejo.

Al final de la tarde,
su aliento se hace frágil
y entristece.
El viento se va al mar
y yo descubro que el palpitar
de la noche es lluvia,
que la inquietud
es deseo que te nombra.

Después del olvido,
el final empieza y soy la nada,
esa nada que se inventa
al morir
y al tocar el rostro del silencio.

LUGAR INFINITO

Hay un lugar dentro de mí
que no conozco,
es un lugar infinito.

Allí están los minutos
que en siglos no he vivido,
allí se escinde el abismo
con los días grises.

Allí están las horas de luces,
los instantes eternos,
los sueños en cierne.

Allí se encuentran
los amigos de siempre.

POEMA DEL DESAMOR

A Miguelina Moreno
In memoriam
por la amistad que resiste la eternidad.

Sigo aquí,
de pie ante el silencio de tu rostro,
frente a soledades
antiguas como la existencia,
como la muerte,
como el presagio de lo vivido,
como las promesas tibias
de los amigos que no volvieron
y de los abuelos que se fueron
con el refugio de su ternura
para siempre.

Sigo aquí,
ante el resquicio que nos separa
del recuerdo,
del recuerdo de los días de lluvia
de nuestra infancia desierta,
desierta de palabras,
de anhelos,
de fábulas y duendes nocturnos.

Te presiento
en estas tardes frías
con una sonrisa que asusta a las aves,
como el rumor
latente en un gemido
o en la distancia que vislumbro
en la penumbra de tus ojos.

Y sigo aquí,
absorta, en vilo, soñando,
bajo tu ausencia.

DESPERTAR

Tengo en la poesía inmerso
el ser.
¿Qué hacer con la voz
que asoma?
La elocuencia de una palabra
callada me arrastra,
razón infinita que me hiere.

Un grito de piedra
me anuda al silencio
allí donde dejo el recuerdo
de tu ausencia soñada.
Hueco enorme
por el que se escurre el tiempo
es la prisa,
silueta incierta que me ata,
que me esparce
como deseos rotos,
como lluvia o fango,
como hiedra,
como ola de espuma
que se agrieta.

Deja parir mi carne,
deja que este silencio duela,
deja que mis manos hablen
y dame mi voz,
dame mi sangre, mis alas,
mi aliento
y no vuelvas con tu rostro ausente
a deshacer el día,
ahora que despierto
en tus sueños.

DESDE MI VENTANA

Una calle desierta y pudorosa
como una mujer dormida,
después del amor.
Entre el sueño y la tibieza
hay manos que se deslizan
ahuyentando la espera.

Un montón de niños que
afuera,
entre la risa y el miedo,
en medio del día y de la noche,
entre sonrisas fugaces
como el olvido,
leves como el temblor o la prisa,
se alborotan
buscando realidades ocultas.
Inventan como dioses,
como solo los dioses crean,
sin temor.
Con la urgencia de los sabios,
se anteponen al tiempo.

Y esos árboles deshabitados,
pero redimidos por la niebla,
inquietan la suavidad de sábanas
también dormidas
tras una ventana abierta,
una ventana por donde ni el sol
ni el viento pasan.
Solo la noche, con su ruido
de seres noctámbulos,
la atraviesa.
Una ventana que perturba
aun sin recuerdos ni presencias.

Escisión del espejismo

He visto la cara de la muerte
insinuada por un hálito
de voz y de silencio.
Su risa es la efigie del espanto
vagando por el tiempo,
imagen del absurdo,
mueca del dolor,
brevedad inusitada
en los labios del asombro,
lamento del mar,
poema que se pierde
en el recuerdo.

Horror, olvido, llanto,
nada la oculta.
La vastedad de su nombre
entristece
como del sueño el temblor.

IMAGINARIO

El pasado me deja
como a una efigie rota,
me asedia en los escombros
y el olvido.
Es sombra que busca
su memoria y su acento
en la poesía,
en el latir de una presencia,
en los finos trazos de su historia,
en el encuentro,
espacio de otras vidas,
matiz de la muerte,
trecho angosto de la existencia
que en la urdimbre de los sueños
me crea.
Me reinventa en un susurro,
en una mirada,
mar de interminable espesura,
movimiento perpetuo de lo eterno.

Renacer en la sonrisa
del insondable rostro del recuerdo,
momento transmutable,
comunión de los siglos,
de la espera.
Siempre propiciaré un canto
y el canto de otras voces,
seré testigo de otros sueños,
presencia antigua de lo etéreo
en el poema
y en el ser del silencio.

Rumor de pájaros

Gime la vida en el instante
del miedo;
palpita en la luz,
vibra en la voz,
en el vientre sacudido,
en el temblor de aves
que despiertan.

Antes del miedo dormía;
eran eternos
la noche, la calle, los espejos.
Quieto el cristal,
tibios el alba y el rumbo.

Ahora es tormento la vida;
inusitado el fulgor
en la mirada, en el aire,
en la semejanza de tu aura
con el fuego.
Llueve la tarde que acontece,
pasa y se convierte en un olvido,
en un tardío acontecer
o en el suave rumor
de pájaros que despiertan.

Retorno de los sueños

De tanto andar, olvidé que tu rostro
posee el misterio,
que el beso es la posibilidad
más tibia de la caricia
y que una mujer no es solo miedo
sino ternura.

Olvidé que los años se van con todo
menos con la urgencia y la prisa,
que la mirada es la mejor expresión
del recuerdo
y que para amar hay que volver siempre
a la inocencia de los sueños.

Olvidé que la inquietud
es una mano que atraviesa
la intimidad de tu cintura
y que la risa es el más cercano
encuentro con lo eterno.

METÁFORA DEL SER

La metáfora es una voz
que se inscribe en el deseo,
palabra que no dice lo que soy,
pero lo advierte.

ÍNDICE

Colofón

Esta segunda edición de ***Ser del silencio***,
de Claribel Díaz, se terminó de imprimir
en los Estados Unidos de América,
en febrero-marzo de 2019.

www.obsidianapress.net
www.oplibros.com
Tel.: 917-853-5095
e-mail:

editores@obsidianapress.net